# Adams Óbvio

*A incrível história de um profissional bem-sucedido*

Tradução
Eduardo Levy

Faro Editorial

**COPYRIGHT © FARO EDITORIAL, 2015**

Todos os direitos reservados.
Nenhuma parte deste livro pode ser reproduzida sob quaisquer meios existentes sem autorização por escrito do editor.

Diretor editorial **PEDRO ALMEIDA**
Tradução **EDUARDO LEVY**
Revisão **MÔNICA VIEIRA / PROJECT NINE E GABRIELA DE AVILA**
Projeto gráfico e diagramação **OSMANE GARCIA FILHO**
Capa **OSMANE GARCIA FILHO**
Imagens internas **EVERETT, DUCK UNIVERSITY, DOCTOR MACRO E SHUTTERSTOCK**

Esta edição é baseada na versão publicada em 1916, que se encontra em domínio público. Notas, adaptação e acréscimos foram inseridos pela editora para melhor compreensão do texto.

---

Dados Internacionais de Catalogação na Publicação (CIP)
(Câmara Brasileira do Livro, SP, Brasil)
---
Updegraff, Robert R., 1889-1977.
　　Adams Óbvio / Robert R. Updegraff; [tradução de Eduardo Levy]. — São Paulo : Faro Editorial, 2015.

　　Título original: Obvious Adam.
　　ISBN 978-85-62409-18-9

　　1. Marketing 2. Publicidade 3. Sucesso nos negócios I. Título.

| 14-04718 | CDD-659.1 |
|---|---|

Índice para catálogo sistemático:

1. Publicidade como negócio : Administração　659.1

1ª edição brasileira: 2015
Direitos desta edição, curadoria, compilação e tradução em Lingua Portuguesa, Faro Editorial

Alameda Madeira, 162 – Sala 1702
Alphaville – Barueri – SP – Brasil
CEP: 06454-010 – Tel.: +55 11 4196-6699
www.faroeditorial.com.br

**Apresentação**   9

# O óbvio   11

Como Adams cresceu rapidamente na empresa   29
O duro início de aprendizado   35
A nova campanha para o bolo   41
A revolução nos anúncios   61

# Aprenda a enxergar o óbvio   73

**Sobre o autor**   79

# Apresentação

Este pequeno livro foi publicado pela primeira vez, na forma de conto, no *Saturday Evening Post*, em abril de 1916.

Apesar de ser a história de um publicitário, foi logo considerado como ideia embrionária para se obter sucesso incomum no mundo dos negócios e das profissões.

E continua atual até hoje, quando o mercado consumidor passa por uma transformação, tanto em produtos quanto em serviços, que a OBJETIVIDADE se tornou palavra-chave para quem busca alçar voos maiores na vida profissional.

Muitas vezes, profissionais e empresas, na tentativa de se manterem na dianteira, imaginam que alcançarão o sucesso utilizando fórmulas de vendas e publicidade complexas, multifacetadas, sofisticadas e multimídias, mas a única coisa que elas deveriam mesmo buscar é...

Se você conseguir passar uma mensagem que lhe pareça óbvia, o mais provável é que ela também pareça óbvia para as outras pessoas — inclusive os clientes. E quando a mensagem é óbvia para os clientes, eles a entendem e compram o que você tem para oferecer. Ora, o seu objetivo não era conseguir exatamente isso?

Quando alguém sugere uma estratégia simples e óbvia, muitas pessoas torcem o nariz, pois o que querem mesmo são propostas engenhosas, que fujam do óbvio. O autor deste livro alertou contra os perigos desse comportamento: *O problema é que aquilo que é óbvio, normalmente, é tão simples e comum, que não exerce nenhum efeito sobre a imaginação nem oferece muito assunto para discussão, e todos nós gostamos de falar a respeito de ideias supercriativas, pirotécnicas e planos elaborados em jantares de negócios. Mas quase sempre essas ideias representam um gasto desnecessário e visam atender ao ego das pessoas,* não ao objetivo real do plano, que é vender algo: ideia, produto ou serviço.

Infelizmente, quando se pensa em empreender, a maioria das pessoas confunde criatividade com algo sofisticado, diferente, inédito, nunca o que é óbvio. O óbvio é simples demais. E esse pensamento, com frequência, leva as pessoas a criar mensagens, propostas, produtos vagos, confusos e, muitas vezes, difíceis de entender, o que resulta em marketing ineficiente e dinheiro jogado fora.

Quem estudar atentamente as mensagens aqui contidas aprenderá lições testadas e comprovadas pelo tempo, e, assim, melhorará sua produtividade, seu marketing pessoal, e aproveitará todas as oportunidades em sua carreira.

À primeira vista, alguém pode considerá-la apenas um conto publicitário. Mas há uma ideia básica e simples nessa história, que é ao mesmo tempo universal e eterna.

Um homem estava sentado sozinho à janela do Salão Dickens do célebre restaurante Tip Top, em Chicago. Ele tinha acabado de jantar e, aparentemente, esperava que servissem o café.

Dois homens entraram e se sentaram em uma mesa próxima. No mesmo instante, um deles avistou o que estava à janela.

— Sabe aquele sujeito ali? — cochichou para o companheiro.

— Sei — disse o outro, olhando com desinteresse na direção indicada.

— Ele é Adams do Óbvio.

— Ah, é? — E dessa vez ele quase se revirou na cadeira para ter uma boa visão do homem a respeito do qual mais se falava no meio publicitário. — Comunzinho ele, hein?

— É, só de olhar ninguém diz que é o famoso Adams do Óbvio, da maior agência de publicidade de Nova York. E, para falar a verdade, não consigo entender por que ele é tão idolatrado no mercado.

— Eu já o ouvi falar umas duas ou três vezes nas reuniões da Associação Publicitária, mas ele nunca disse nada que eu já não soubesse. Mesmo assim, parece que ele impressiona muita gente. Confesso que para mim foi uma decepção.

É engraçado, mas é desse jeito que a maioria dos que veem de fora falam de Adams. No entanto, esse simples sujeito foi a peça-chave — o diferencial — para o enorme sucesso de grandes empresas.

Agora mesmo, enquanto esses homens falam sobre ele, Adams está focado, desenhando esboços e fazendo anotações no verso do cardápio do restaurante, não deixando passar detalhes sobre o que vê. A quem olhasse seus rascunhos, o que veria não faria sentido, mas deve tê-lo agradado, pois ele balançou energicamente a cabeça em sinal de aprovação e pôs o cardápio no bolso enquanto o prestativo garçom o ajudava com seu paletó.

Meia hora depois, o telefone soou na biblioteca de uma suntuosa residência no estado de Iowa. Tocou mais uma vez antes que o homem que estava acomodado na grande poltrona de mogno em frente à lareira se levantasse para atender à ligação.

— Alô! — disse, rispidamente, fechando a cara diante da intromissão. — Alô! Olá! Ah, é você, meu caro Adams. Não achei que fosse me retornar tão rápido. Onde está? Em Chicago? Você tem algum plano? Tem? Bom, fiquei aqui sentado pensando a respeito e mastiguei três charutos até o talo tentando descobrir o que fazer.

Depois, silêncio na suntuosa biblioteca. A seguir, uma série do que pareciam grunhidos de aprovação.

— Entendo sua ideia. Sim, acho que vão fazer isso, lógico! Tenho certeza de que vão, terão de fazer. Foi uma ótima sacada e aposto que dará um jeito no problema! Certo; pegue o trem noturno e enviarei o motorista para lhe pegar na estação de manhã. Boa noite.

Por um longo minuto o homem ficou de pé e olhou para a lareira, pensativo.

— Que diabo, como nenhum de nós pensou nisso? É a coisa mais natural do mundo, mas tivemos de trazer um homem lá de Nova Iorque para nos mostrar isso. De todo jeito, esse Adams é uma maravilha!

Tendo feito essas observações para as paredes, ele puxou e fumou um quarto charuto.

Mas essa é outra história. Estamos começando do fim. Para conhecer Adams Óbvio e entender o segredo de seu sucesso, devemos começar pelo início de sua vida. É uma interessante história, a de um menino pobre chamado Oliver B. Adams, que começou a trabalhar numa pequena mercearia numa cidadezinha da Nova Inglaterra e progrediu até ser conhecido em toda a parte no mundo empresarial como "Adams Óbvio".

Ao que parece, Adams veio de uma família de gente muito pobre e trabalhadora. Teve apenas a educação precária fornecida pelas escolas do interior e, aos 12 anos, com a morte de seu pai, começou a trabalhar em uma mercearia. Era um menino bem comum. Não se destacava particularmente pela iniciativa e raramente tinha uma ideia brilhante, mas ainda assim, de algum modo estranho, o faturamento da mercearia cresceu com regularidade e continuou a crescer ano após ano. Ninguém que conhecesse o velho Ned Snow, o dono, diria que alguma parcela do crescimento era crédito dele, pois Adams não era do tipo que cresce — a não ser para dentro.

Bem, as coisas seguiram sem novidades até que o velho Snow adoeceu e, logo depois, morreu. A loja foi vendida e Oliver ficou sem o emprego.

Dos seis anos seguintes ninguém sabe como foi sua vida e ele mesmo tem pouco a dizer. Quando a mercearia foi vendida, Adams pegou o pouco dinheiro que conseguira economizar e partiu para

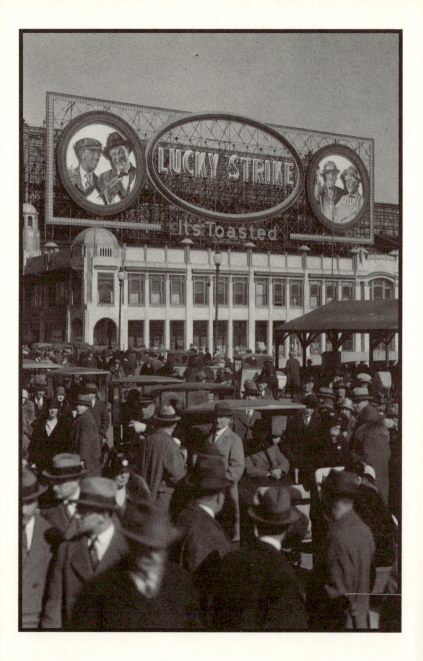

Nova Iorque, passou a trabalhar no mercado municipal durante o dia e estudar no período noturno.

Então, um dia, algo aconteceu. Perto do fim do último ano do Ensino Médio o diretor organizou uma série de palestras educacionais voltadas aos alunos mais velhos. A primeira foi de James B. Oswald, presidente da famosa Oswald Advertising Agency. Oswald estava no auge de sua carreira naquela época e foi o palestrante mais interessante e instrutivo, capaz de adaptar sua mensagem às necessidades dos ouvintes, o que explicava por que era bem-sucedido como publicitário. O jovem Adams ficou encantado com a palestra. Era sua primeira visão do mundo dos negócios e pareceu-lhe que Oswald era algo como o homem mais fantástico com quem já havia se encontrado; e ele esperou ao final da palestra para se apresentar e cumprimentar pessoalmente o publicitário.

No caminho de casa, pensou no que Oswald dissera a respeito do mercado publicitário.

Enquanto se preparava para dormir no quartinho dos fundos do terceiro andar, deliberou com calma a respeito daquele homem e concluiu que ele devia ser um grande profissional. À medida que puxava a coberta para si e se aconchegava nos travesseiros, decidiu que queria trabalhar com publicidade. E, ao passo em que se ajeitava para dormir, teve certeza de que queria trabalhar para alguém como James B. Oswald.

Na manhã seguinte, quando acordou, os dois últimos pensamentos se uniram: queria trabalhar com publicidade e para James B. Oswald. A coisa natural a fazer, então — para Oliver Adams, pelo menos — era ir diretamente contar seu propósito ao cavalheiro em questão. Embora a ideia lhe amedrontasse um pouco, nunca lhe ocorreu, nem por um minuto, fazer outra coisa. Assim, às duas da tarde daquele mesmo dia, ele pediu duas horas de folga no mercado, já que o movimento era baixo naquele horário, e, depois de engraxar os sapatos e escovar as roupas cuidadosamente, partiu para o grande edifício comercial que abrigava a Oswald Advertising Agency.

Dr. Oswald estava ocupado, informou-lhe a garota da recepção, que comunicara sua presença ao grande homem pelo telefone. Oliver pensou um minuto.

— Diga a ele que posso esperar por uma hora e dez minutos.

A garota ficou espantada, pois não era comum que as pessoas dissessem esse tipo de coisa ao chefão. Mas havia algo no jeito direto do rapaz que parecia tornar a mensagem perfeitamente natural. Para a própria surpresa, ela a repetiu para o presidente exatamente como a ouvira.

— Ele o receberá em cerca de 20 minutos — ela anunciou.

Da entrevista em si, James Oswald adorava contar:

Adentrou ao recinto o jovem Adams, sério como um diácono. Eu só me lembrei de que se tratava de um dos jovens da noite anterior quando ele se apresentou e mencionou o nosso encontro. Em seguida, ele disse que refletira a respeito do tema e decidiu que queria entrar para o meio publicitário e que queria trabalhar para mim e, portanto, ali estava.

— Dei uma boa olhada nele. Pareceu-me um menino bem comum, até meio apático, sem nenhum brilho especial. Então lhe fiz algumas perguntas para testar sua capacidade de raciocínio. Ele respondeu a tudo prontamente, mas as respostas não foram particularmente brilhantes.

— Eu até gostei bastante dele, mas tive a impressão de que lhe faltava vigor, aquela proatividade que é preciso na publicidade. Então, por fim, disse a ele, com o máximo de delicadeza possível, que achava que ele não tinha o perfil para trabalhar com publicidade, que era uma pena, mas não podia lhe dar um emprego e dei mais um monte de conselhos paternais. Tomei muito cuidado para ser firme, mas gentil.

— Ele reagiu a tudo muito bem. Mas em vez de me implorar por uma oportunidade, ele agradeceu pela entrevista e disse, enquanto se levantava:

'Bem, Dr. Oswald, decidi que quero entrar para o mercado publicitário e que quero trabalhar para o senhor, e pensei que a coisa óbvia a fazer era vir aqui e lhe dizer isso. Parece que o senhor acha que eu não me daria bem, então terei que dar um jeito de lhe provar o contrário. Ainda não sei como, mas vou procurá-lo de novo assim que descobrir. Obrigado pelo seu tempo. Até mais.' E ele se foi antes que eu pudesse dizer qualquer coisa.

— Bem, eu fiquei constrangido! Todo o meu discurso fora inútil. Ele não tinha nem cogitado a possibilidade de o meu veredito estar certo! Fiquei sentado pensando a respeito por cinco minutos, irritadíssimo de ser contestado assim por um menino, de modo tão educado, mas firme. Aquilo me deixou com um grande mal-estar o resto da tarde.

— Naquela noite, a caminho de casa, refleti outra vez sobre o assunto. Uma frase ficou na minha cabeça: 'Quero entrar para o mercado publicitário e quero trabalhar para o senhor, e pensei que a coisa óbvia a fazer era vir aqui e lhe dizer isso'.

— Aí, atinei: quantas pessoas são capazes de perceber e fazer o óbvio? E quantas têm persistência suficiente para levar adiante suas ideias a respeito do que é óbvio? Quanto mais eu pensava nisso mais me convencia de que havia lugar na empresa para um rapaz capaz de ver a coisa óbvia a se fazer, lidar com ela diretamente, sem alarde nem confusão, e fazê-la!

— E, meu Deus, então no dia seguinte mandei chamar aquele garoto e lhe dei um trabalho no arquivo de periódicos.

Isso foi há 20 anos. Hoje, Oliver B. Adams é vice-presidente e chefe ativo da grande Oswald Advertising Agency. O velho Oswald passa no escritório uma ou duas vezes por semana e bate um papo com Adams, e é claro que sempre participa das reuniões do conselho de diretores, mas é Adams quem dirige a empresa.

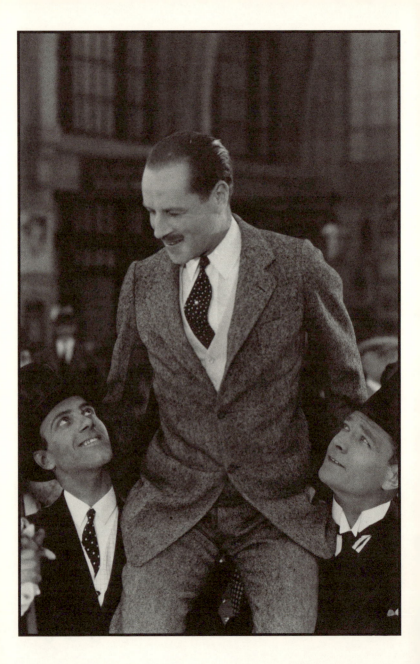

# Como Adams cresceu rapidamente na empresa

Tudo aconteceu de forma bem natural e por meio daquele "óbvio ululante", como o vovô Oswald dizia, fazendo graça.

Antes de completar um mês de trabalho, Adams procurou o chefe do setor de arquivos e sugeriu-lhe uma mudança na metodologia do departamento. O homem ouviu suas ideias e perguntou qual era a vantagem da mudança. Adams respondeu que ela proporcionaria uma economia de um quarto do tempo e dos custos do trabalho e tornaria quase impossível a ocorrência de erros. A mudança era simples e ele foi autorizado a implementá-la. Depois de três meses de operação do novo plano, ele procurou o chefe novamente e lhe disse que o serviço estava funcionando tão bem que outra pessoa poderia assumir aquela função por um terço de seu salário, com a pergunta: "será que não haveria algo mais desafiador para mim?". Adams contou haver notado que os redatores estavam sobrecarregados e perguntou se com aquele elevado volume de trabalho, e com as perspectivas de aumento no futuro, não seria ideal começar um treinamento com outra pessoa. O chefe sorriu e lhe disse para voltar ao trabalho:

— Esqueça, você não é nenhum John Wanamaker.*

Ele voltou ao trabalho, mas também começou a trabalhar em textos nas horas vagas. A sobrecarga dos redatores ocorria devido a uma grande campanha da Associação de Pêssego em Calda da

---

\* John Wanamaker (1838-1922), publicitário e empresário norte-americano, é considerado um gênio de criatividade e inovação. Ele criou a política da "satisfação garantida ou seu dinheiro de volta" e popularizou a adoção de preços fixos para os produtos comercializados. (N. do T.)

Califórnia. Tão logo soube do que se tratava, Adams disparou a pesquisar tudo o que se relacionava a pêssegos. Em pêssegos pensou, com pêssegos sonhou, sobre pêssegos estudou e comeu pêssegos, frescos, em calda, em conserva. Conseguiu publicações das associações de produtores, bem como de instituições governamentais que tratavam do cultivo e produção. Passou várias tardes estudando o processamento da fruta.

Um dia, ele estava sentando à sua mesinha no Departamento, dando os últimos retoques em um anúncio que havia escrito e formatado, quando o redator-chefe entrou e lhe pediu o número anterior de um jornal que estava nos arquivos. Adams foi pegá-lo, deixando o anúncio em cima da mesa. Enquanto o redator-chefe esperava, seus olhos recaíram sobre ele. "Seis minutos do pomar à lata" era o título. Em seguida, havia diagramas e fotos ilustrando as seis operações necessárias para enlatar pêssegos, cada uma das quais com um pequeno título e uma breve descrição do processo:

### PÊSSEGOS CALIFORNIANOS MADUROS

Colhidos maduros da árvore.

Selecionados por moças de uniformes bem limpos.

Descascados e enlatados por máquinas higiênicas.

Cozidos a vapor.

Embalados a vácuo.

Enviados à mercearia para você a 30 centavos por lata.

O redator-chefe leu o anúncio até o fim e, depois, o leu até o fim mais uma vez. Quando Adams voltou à sua mesa, o redator-chefe — de nome Howland — não estava mais lá. Nem o anúncio. Na sala da frente, Howland falava com o presidente e ambos observavam o anúncio aberto sobre a mesa.

— Vou lhe dizer uma coisa, Dr. Oswald, acho que esse menino tem o perfil de redator. Ele não é engraçado, mas nós já temos excesso de gente engraçada por aqui e ele vê os pontos essenciais das coisas e os expressa com clareza. Para falar a verdade, ele disse algo que nós lá em cima estamos tentando dizer há uma semana, tendo de gastar para isso um anúncio de três páginas e meia. Eu acharia ótimo se o senhor permitisse que ele fosse meu estagiário por algum tempo. Quero ver o que é que ele tem.

— Por Deus, é claro! — concordou Oswald, mandando chamar o chefe de Adams.

— Dá para vocês se virarem sem Adams, Wilcox? — perguntou.

Wilcox sorriu.

— Ué, sim, acho que dá. Adams me disse outro dia que alguém poderia substituí-lo por dois terços de seu salário.

— Certo; mande-o lá para cima com Howland.

E para cima foi Adams, ao Departamento de Redação. O anúncio do pêssego em lata precisava de um polimento e foi dado para um dos feras da redação, pois havia pressa, e a Adams ofereceram outra campanha para trabalhar.

# O duro início de aprendizado

Seus primeiros trabalhos saíram bem toscos, tanto que depois de vários textos o redator-chefe começava a pensar que talvez tivesse se enganado a respeito de Adams. Na verdade, passaram várias semanas sem que nada de genial acontecesse. Então, um dia a Oswald Agency ganhou a conta de uma nova empresa que fabricava bolos para mercearias. A firma tinha uma capacidade de distribuição pequena, num raio de 80 quilômetros de Nova Iorque, mas fora picada pela abelha da propaganda; queria crescer rápido. Antes que aparecesse qualquer caminho para se trabalhar algum texto, os redatores sêniores ficaram sabendo da existência da conta, e Adams também ouviu os comentários. Nesse dia, passou o horário de almoço procurando uma mercearia que vendesse aquele bolo. Comprou um e aquilo fora o seu almoço. O bolo era bom.

À noite, ao chegar em casa, ele trabalhou no tema do bolo. A luz ficou acesa noite adentro no quartinho dos fundos do terceiro andar. Adams decidira que se tivesse oportunidade de escrever qualquer coisa para a campanha do bolo, teria de ser algo muito bom.

Na manhã seguinte, a campanha do bolo chegou à redação. Para a grande decepção de Adams, foi dada a um dos funcionários mais velhos. Ele pensou no assunto por toda a manhã e por volta do meiodia chegou à conclusão de que era uma besta de achar que havia chance de darem um texto daquele a um iniciante como ele. Mesmo assim, decidiu continuar trabalhando na campanha do bolo nas horas vagas como se fosse sua.

Três semanas depois, a campanha produzida pela agência estava pronta. Quando Adams viu as provas do primeiro texto, seu coração disparou. Que texto! Quem via ficava com água na boca. Os anúncios de comida de Preston eram famosos, mas nesse ele se superara.

Adams se sentiu completamente desencorajado. Ele nunca conseguiria escrever algo semelhante, *nem em um milhão de anos!* O anúncio era uma peça especial de literatura. Pegava um simples bolo de quinze centavos e o transformava em um manjar dos deuses. O plano de veiculação da campanha era de seis meses e Adams observou cuidadosamente cada um dos anúncios, chegando à conclusão de que tinha muito a aprender com aquele tal de Preston em termos de texto.

Quatro meses depois, apesar dos anúncios maravilhosos publicados nos grandes jornais e nos tabloides de bairros, chegaram murmúrios de insatisfação por parte da Golden Brown Cake Company, a fabricante do produto. Eles gostaram do anúncio; concordavam que era o melhor anúncio de bolo já feito; a empresa estava crescendo de algum modo, mas as vendas não aumentavam tanto quanto eles previram para o investimento. Ao fim

de mais um mês, estavam mais decepcionados do que nunca e, por fim, no término dos seis meses, anunciaram que descontinuariam a campanha, pois não fora tão lucrativa quanto esperavam.

Adams ficou arrasado, como se fosse o próprio Oswald. Ele havia se interessado muito por aquele negócio do bolo. Na noite em que ficou sabendo da decisão da empresa, foi para casa triste e, ao chegar, ficou pensando na Golden Brown Cake. Depois de algum tempo, tirou da gaveta um envelope grande com os anúncios que escrevera para a campanha meses antes. Releu-os; pareciam simples demais se comparados aos de Preston. Então, ele olhou para alguns cartazes de anúncios que preparara para circulação em bondes. Em seguida, pegou um novo cartaz e pintou-o com aquarela. Ele sentou, olhou para tudo aquilo, pensou e pensou e pensou. Depois dedicou-se a revisar todo o trabalho feito meses antes, polindo-o e fazendo mudanças aqui e ali. À medida que trabalhava, suas ideias começavam a borbulhar.

# A nova campanha para o bolo

Eram quase três da manhã quando Adams finalmente apagou a luz e foi se deitar. Na manhã seguinte, foi para o escritório com opinião formada a respeito do que devia fazer. Às dez da manhã, ligou para a diretoria e perguntou se podia ver Dr. Oswald. Às onze, Dr. Oswald tirou os olhos do último texto da campanha de Adams para o bolo e sorriu.

— Adams — disse ele — acho que você matou a charada. Os anúncios que fizemos eram maravilhosos, mas não falamos realmente nada dessas coisas que você aponta aqui. Fizemos propaganda demais e venda de menos. Acho que com esse seu plano posso ir lá e trazer aquele povo de volta.

Às três da tarde, Adams foi chamado ao escritório do presidente.

— Meu caro, Adams — disse Oswald, ao se sentar — a Golden Brown Cake Company voltou para nós para valer. Eles disseram que acham o plano ótimo, então vamos fazer outra campanha. Agora, quero que você leve esse material para Howland e

o repasse com ele. Eu lhe contei tudo e ele ficou tão contente quanto eu por você ter conseguido. Falei para ele repassar o texto com você. Os anúncios são bons, ótimos, mas têm problemas em alguns pontos, como você com certeza percebeu, e Howland pode ajudar você a poli-los. Não deixe isso lhe subir à cabeça, jovem. Uma campanha é feita de muitas batalhas.

Adams ficou nas nuvens ao sair da sala do presidente, mas depois que falou com o redator-chefe voltou à Terra, pois viu que havia muito a fazer antes de imprimir o texto. No entanto, suas ideias principais seriam levadas adiante. Todo o mundo concordou com seu argumento de que as pessoas precisavam provar o bolo e que era uma boa ideia fornecer às mercearias, pelo período de três semanas, fatias frescas de amostra, embrulhadas em papel-manteiga, para que fossem servidas aos clientes; concordaram com sua ideia de que mostrar o bolo em cores naturais nos anúncios postos nos bondes iria, como ele disse, "dar água na boca das pessoas"; que abandonar a velha embalagem verde em favor de uma bege, da cor do bolo, com letras em marrom escuro, passaria uma imagem melhor e apelaria aos olhos e ao paladar. Adams aprendera essas coisas no tempo da mercearia da Nova Inglaterra e lhe pareciam perfeitamente naturais. Pareceram também a Oswald e Howland e a todos os outros, depois que ouviram o plano, e cada um deles se perguntou por que não pensara nelas antes.

Antes do fim da primeira semana da campanha de degustação, as vendas começaram a mostrar um crescimento substancial e no fim do mês, que normalmente era um dos piores do ano, a Golden Brown Company constatou um aumento de quase 30% nas vendas. E isso marcou o início de uma das campanhas locais mais bem-sucedidas que a agência Oswald já conduziu. Sim, o anúncio era simples e quase rústico, é fato. Mas exalava o cheirinho de uma cozinha de vó em dia de bolo e falava da padaria limpa e arejada onde os bolos eram assados. Na verdade, era tudo tão simples que era quase certo que seria dispensado se a campanha anterior não tivesse falhado.

Alguns meses depois, houve uma reunião muito importante na sala da Diretoria da Oswald Advertising Agency. Os executivos da Monarch Hat Company estavam reunidos às portas fechadas com o presidente e o redator-chefe. Conversas, relatórios de vendas e queima de charutos ocorreram em partes quase iguais por cerca de três horas. Ao que parece, a Monarch Hat Company tinha duas lojas de chapéus em uma grande cidade do sul; uma delas dava lucro, enquanto a outra sempre ficava para trás. Eles não queriam fechar nenhuma das duas, pois a cidade era grande o suficiente para ter duas lojas, mas não aguentavam mais

continuar perdendo dinheiro. Eles já tinham enfiado centenas de dólares em uma campanha publicitária, que fez com que a loja próspera crescesse mais, mas não tirou a outra do vermelho. Era preciso fazer alguma coisa e rápido. A conferência durou mais ou menos até a hora do almoço, mas sem qualquer resultado. Tudo que era sugerido ou já haviam tentado ou era impraticável.

— Bem, senhores — disse Oswald, finalmente — passamos três horas discutindo o que deve ser feito, mas me parece que a primeira coisa a fazer é descobrir qual é o problema. Vocês podem me dar duas semanas para descobrir isso e, então, nos encontramos para outra reunião?

Estavam exaustos e com fome; e todos ficaram de acordo; sim, eles dariam as duas semanas.

— Qual é a sua ideia? — perguntou o redator-chefe, depois que todos partiram.

Oswald olhou para ele de modo bem sério:

— Howland, eu vou arriscar. Se tivesse tempo, iria lá eu mesmo e investigaria, mas não tenho. O povo da Monarch não pode ficar sabendo disso nunca, mas vamos mandar um menino lá para ver se ele consegue descobrir qual é o problema.

— Quer dizer que...

— Sim, vamos mandar o jovem Adams. Tenho a leve impressão de que há algo obviamente errado com essa empresa, algo que não tem nada a ver com relatórios de vendas nem com o movimento, e se houver, aposto que aquele rapaz, comum e simples como é, vai descobrir. Parece-me que o apelido

dele é Óbvio! Talvez seja besteira minha, um *feeling* sem mais explicações, mas vou tentar.

— Adams — disse o presidente ao rapaz diante dele —, a Monarch Hat Company tem duas lojas; uma delas dá lucro e a outra não. Eu quero que você vá lá e descubra (sem perguntar, é lógico) qual das lojas não está dando lucro e por quê. Pegue um pouco de dinheiro no caixa e vá lá amanhã de manhã. Só volte quando tiver uma certeza razoável de que sabe a resposta.

Adams foi. Foi direto para um hotel quando chegou à cidade, registrou-se e deixou a mala. Depois, procurou o endereço das duas lojas da Monarch. Em 20 minutos achou uma delas, localizada na esquina de duas ruas importantes, com uma entrada chamativa e vitrines nas duas ruas. A outra ele encontrou 45 minutos depois, também localizada em uma esquina, na Rua do Mercado, a principal rua de comércio da cidade. Mas Adams se espantou, quando achou a loja, com o fato de que passara por ela três vezes enquanto a procurava!

Adams parou do outro lado da rua e examinou a loja. Ela tinha uma frente pequena na Rua do Mercado, mas uma enorme vitrine na rua ao lado. Ele pensou por um momento e teve um estalo: era muito difícil enxergar a loja. Mesmo que eles investissem muito em propaganda pesada, os benefícios iriam para a outra loja, que tinha entrada chamativa, apesar de não ficar na prestigiada Rua do Mercado. Era isso: ele tinha certeza de que esta era a loja que dava prejuízo.

Enquanto a observava, notou que mais pessoas subiam do que desciam por aquele lado da Rua do Mercado, o que significava que, à medida que se aproximavam da loja e de sua vitrine lateral à esquerda, tinham de olhar para frente, atentos aos sinais do policial para atravessar, e, ao fazê-lo, davam as costas à grande vitrine. Nem mesmo as pessoas que desciam pelo mesmo lado da rua tinham uma boa visão da vitrine, pois passavam perto do meio-fio, com muita gente entre eles e a loja.

Adams contou o número de pessoas em períodos de cinco minutos e descobriu que a quantidade daquelas que subiam por aquele lado da rua era quase 50% maior do que as que desciam. Em seguida, contou os que passavam do outro lado e concluiu que o número de pessoas que desciam por ali era quase 50% maior do que as que subiam. Evidentemente, a loja pagava quase duas vezes mais do que deveria pagar de aluguel por causa daquela vitrine lateral. E ali, na Rua do Mercado, o aluguel devia ser enorme. No entanto, ninguém via a loja; ninguém conseguia achá-la com facilidade.

À noite, no hotel, ele pensou, riscou, fez diagramas. Sua teoria parecia se sustentar; ele tinha certeza de que estava certo. Na noite seguinte, depois de estudar a situação mais um pouco e obter do gerente da loja alguns dados de vendas e preço do aluguel, pegou o trem de volta para Nova Iorque. Alguns meses depois, assim que o contrato de locação expirou, a loja mudou de endereço. Adams resolvera a charada. Era uma questão realmente muito simples — quando se conhecia a resposta.

— Foi nesse eterno pendor de Adams para o óbvio em que me apoiei. Ele não se deixa desviar dos fatos. Adams os encara diretamente e depois parte para a análise, e isso é vencer metade da batalha — Oswald disse para o redator-chefe.

Esse foi o começo de uma série de acontecimentos que elevaram o *status* de Adams na agência de Oswald, até ele, por fim, possuir ações da empresa. Nada de espetacular ou muito genial acontecera em qualquer destas histórias. Foram apenas resultados da análise racional da situação e do bom senso na execução dos planos. E o que se viu em números com esses trabalhos.

Por exemplo, um dia chegou uma carta, de fabricantes de, digamos, papel sulfite, que não era exatamente papel sulfite, mas não posso contar o que era e o sulfite vai servir aos propósitos da história. Bom, a carta dizia que eles estavam interessados em anunciar e indagava se algum funcionário da agência poderia ir até a fábrica para discutir o assunto com eles. Nesse dia, Oswald estava de partida para a Europa, num navio que saía às onze da manhã. A carta chegou de manhã e aconteceu que Adams estava na sala do presidente quando ele a pegou para ler.

— Você quer ir conversar com eles, Adams? — perguntou Oswald, com um sorriso enigmático, estendendo-lhe a carta. Ele gostava de experimentar novas combinações de homens e tarefas.

— Quero, claro — disse, com o rosto iluminado de prazer com a perspectiva da missão.

— Então, vá, e boa sorte para você — disse o chefe, virando-se para resolver os últimos detalhes da viagem.

Adams foi à fábrica na manhã seguinte. O presidente lhe perguntou se achava que seria uma boa ideia fazer anúncios de papel sulfite. Adams disse que não podia responder antes de conhecer melhor a indústria e o produto. Era preciso saber dos fatos. Deram-lhe um guia e, nos dois dias seguintes, ele praticamente mergulhou em papel.

Ele descobriu que o papel sulfite daquela fábrica era feito de fibras brancas selecionadas; que a água

usada na sua fabricação era filtrada do melhor modo possível; que a secagem era feita em esteiras limpas. E, o mais espantoso de tudo, o papel era inspecionado folha por folha, à mão. Esses fatos não eram de conhecimento geral na época e Adams viu grandes possibilidades de publicidade.

No terceiro dia, ele ficou trancado em seu quarto no hotel, tentando fazer alguns anúncios. Levou-os consigo, no fim da tarde, e foi falar com o presidente da empresa de papéis. Este deu uma olhada neles e resmungou. Estava evidentemente decepcionado. O coração de Adams disparou; falharia na sua primeira apresentação de uma campanha, mas não sem lutar.

O presidente balançou-se para frente e para trás na cadeira por alguns minutos.

— Meu jovem — disse ele, finalmente — , todo papel sulfite bom é feito de fibras brancas cuidadosamente selecionadas; — citando o anúncio em suas mãos: — todo papel sulfite de qualidade é feito com pura água filtrada; todo bom papel

ADAMS ÓBVIO

sulfite é seco em esteiras limpas; todos os bons papéis são inspecionados à mão. Eu não precisava de um publicitário de Nova Iorque para vir aqui me contar isso. O que eu queria eram ideias originais. Todo o mundo sabe dessas coisas sobre o papel sulfite.

— Ah, é mesmo? — perguntou Adams. — Eu nunca soube disso! Nossa agência compra anualmente muitos milhares de dólares de papel sulfite, mas me arrisco a dizer que não há uma única pessoa lá que saiba algo da fabricação de papel, salvo que os de boa qualidade são feitos de fibras. Veja bem, Dr. Merritt, nenhum de nós fabrica papel e ninguém nunca nos contou essas coisas. Eu sei que não há nada muito especial nesses anúncios. Eles são simplesmente informativos. Mas acredito, sinceramente, que o fato de mencionarem as qualidades de seu papel mês a mês, de forma simples e direta, faria, em um tempo relativamente curto, com que as pessoas começassem a pensar que seu papel é especial. O senhor ficaria dois ou três anos à frente dos seus concorrentes e, no momento em que eles começassem a fazer anúncios semelhantes aos seus, o nome do seu produto já estaria gravado na memória do público. Seria quase sinônimo do melhor papel sulfite vendido.

Merritt estava evidentemente impressionado pela lógica de Adams, mas ainda hesitava.

— Mas seremos motivo de piada para todos os fabricantes de papel do país quando nos virem sair por aí falando desse jeito sobre o nosso papel, como se todos os outros não fossem fabricados do mesmo jeito.

Adams inclinou-se para frente, olhou no fundo dos olhos de Merritt e disse:

— Dr. Merritt, para quem exatamente o senhor quer anunciar? Para fabricantes ou para compradores de papel?

— Entendi o que você quer dizer. É isso mesmo. Estou começando a perceber que a propaganda não é um negócio mágico, mas, como tudo o mais, apenas bom senso elementar.

E Adams voltou para Nova Iorque com o contrato para uma campanha de um ano, a ser conduzida como a Oswald Agency achasse mais adequado. A campanha foi um sucesso desde o início. Todavia, ao analisá-la, via-se que Adams não tinha feito nada além do óbvio. No devido tempo, Oswald, ainda na Europa, soube do sucesso de Adams na condução da conta, e no devido tempo chegou uma nota de felicitações do presidente, e o que intrigou Adams é que o envelope estava endereçado ao "Adams Óbvio". O apelido se espalhou logo pela empresa toda e pegou. A campanha de papel sulfite ficou famosa e com ela Adams e com ele o apelido! Então ele passou a ser conhecido entre os publicitários do Atlântico ao Pacífico, e talvez não mais do que meia dúzia de pessoas saibam seu nome verdadeiro, pois ele sempre assina apenas "O. B. Adams".

# A revolução nos anúncios

Quase todas as revistas publicadas passaram a mostrar a influência da obviedade de Adams. Os anúncios dos Chapéus Monarch, por exemplo, eram sempre ilustrados com homens de corpo inteiro, o que tornava os chapéus pequenos e insignificantes.

— Vamos mostrar o *chapéu* e não o *homem* — disse Adams, um dia, ao olhar para uma das fotos originais, em tamanho grande, no departamento de arte. — Se os homens pudessem ver esta foto neste tamanho, comprariam o chapéu. Mas perdemos muito quando ela é reduzida.

Em seguida, pegou uma tesoura e começou a

recortar a excelente foto de todos os lados, até que nada mais restou além de um chapéu, um rosto sorridente e um detalhe de colarinho e gravata.

— Agora — disse Adams, colocando o recorte sobre uma página de revista, quase toda preenchida por ele — , publique isto e ponha o texto no canto esquerdo.

Hoje em dia é comum encontrarmos, nas páginas das revistas, rostos de tamanho quase natural sorrindo para nós. Assim, vejam só, Adams foi o próprio Griffith\* da publicidade, com seus "close-ups". Tanto um quanto o outro apenas fez o óbvio. Adams descobriu também que os anúncios não tinham de berrar sua mensagem em tipos garrafais. As pessoas leem anúncios de quatro páginas, em tipo pequeno, provou ele, desde que sejam

---

\* D. W. Griffith (1875-1948), diretor norte-americano, famoso por filmes como *O Nascimento de Uma Nação* (1915) e *Intolerância* (1916), foi um grande pioneiro do cinema, criador de uma série de técnicas e instrumentos para o meio. (N. do T.)

interessantes e dramáticos como toda boa história. Uma forma bem óbvia mesmo de falar a respeito das empresas, quando se pensa a respeito.

Talvez seja surpreendente para algumas pessoas o fato de que Adams não é o tipo de homem particularmente interessante de se conhecer — ele é até chato, na verdade. Não tem nenhuma das características normalmente atribuídas aos gênios; não é temperamental. Desde aqueles primeiros dias, trabalhou em muitas campanhas difíceis, aconselhando aqui, orientando lá, retraindo-se algumas vezes, cometendo erros, mas nunca o mesmo por duas vezes. Com seu talento, diagnosticou a causa de inúmeras empresas doentes e devolveu-lhes a saúde e o saldo bancário positivo. Ajudou empresas de fundo de quintal a se transformarem em grandes indústrias. Modificou a rotina de café da manhã do país. Transformou marcas de produtos em substantivos nos dicionários. Mas, apesar de toda sua experiência e reputação, conhecê-lo não é uma experiência interessante — a menos que você o pegue, como eu, em casa, sentado confortavelmente, em frente à lareira, fumando gostosamente um bom charuto e fazendo discursos. Foi em resposta ao meu questionamento sobre como ganhou o apelido de Adams Óbvio que ele me contou alguns dos fatos que acabei de relatar.

— Não nasci sabendo o óbvio — disse ele. — Há muito tempo Dr. Oswald me rotulou de "Adams

Óbvio". Naquela época, eu nem parava para pensar se algo era óbvio ou não. Só fazia o que me ocorria naturalmente depois de refletir sobre a questão. Não tenho mérito nenhum nisso. Não conseguiria agir de outro jeito.

— Então — insisti — , por que mais pessoas não fazem o óbvio? O pessoal que trabalha com você diz que eles vivem passando horas imaginando o que você vai sugerir, depois de eles próprios tentarem concluir o que é o óbvio a fazer. E, mesmo assim, você os surpreende sempre.

Adams sorriu.

— Bom, desde que me colocaram esse apelido pensei muito na questão e cheguei à conclusão de que entender o óbvio pressupõe análise; e análise, pressupõe pensamento e acho que o professor Zueblin está certo quando diz que pensar é, para muitas pessoas, o mais difícil dos trabalhos, que por isso elas evitam o máximo que podem. Elas procuram um caminho fácil, um atalho, um truque ou jeitinho que chamam de a coisa óbvia a fazer, mas chamá-la assim não faz com que seja isso mesmo. Essas pessoas não coletam e analisam todos os dados antes de decidir o que é de fato óbvio e, portanto, ignoram o primeiro e mais óbvio dos princípios administrativos. Quase sempre essa é a diferença entre o pequeno e o grande empresário e o nível de sucesso de um e do outro. Muitos pequenos empresários sofrem de um astigmatismo administrativo grave, que poderia ser curado se praticassem o gesto óbvio de chamar um especialista em negócios para corrigir sua visão e lhes dar uma perspectiva verdadeira de seu negócio e de seus métodos. E o mesmo pode-se dizer também de muitas grandes empresas.

— Algum dia — ele continuou — muitos empresários vão acordar para o poder e a sensatez do óbvio. Alguns já acordaram. Theodore Vail,\* por exemplo, se preocupou com a ociosidade do

---

\* Theodore Newton Vail (1845-1920), empresário norte-americano, foi um dos pioneiros da indústria do telefone e do telégrafo. (N. do T.)

telégrafo, que ficava parado diariamente, durante oito horas, e teve a ideia da carta noturna, para aumentar o movimento durante as horas ociosas e gerar novos negócios. O que poderia ser mais óbvio? Estude a maioria dos homens que ganha mais de cem mil dólares por ano. Quase todos eles são praticantes do óbvio.

— Um dia, acredito que verei o fim da falta de publicidade da ópera; eles vão parar de promover as estrelas e começar a promover os espetáculos.

Farão o óbvio e anunciarão as óperas para pessoas que no momento não vão à ópera. Com isso, as plateias ficarão cheias e a ópera dará lucro, como deve ser. Seus organizadores vão entender que a ópera é um problema de mercado legítimo, como os hotéis, os livros e os navios e que responderá a métodos mercadológicos e publicitários legítimos.

E espero ainda ver as prefeituras acordarem para o fato de que estão negligenciando o óbvio quando permitem que nossas grandes bibliotecas, nas quais gastamos centenas de milhares de dólares por ano, passem ano após ano cumprindo apenas metade de sua função, quando parcos dois ou três por cento disso, gastos em um bom anúncio de jornal para vender a ideia de frequentar a biblioteca — o hábito de frequentar a biblioteca, se você quiser — , com certeza dobraria a utilidade das bibliotecas para suas comunidades. Que coisa maravilhosa de anunciar — a biblioteca! Ou um grande museu de arte!

— Também acho que vai chegar o dia em que as empresas ferroviárias deixarão de guardar segredo sobre os preços das passagens e ganharão milhões das pessoas que não viajam hoje, mas viajariam se soubessem como é barato viajar a distâncias relativamente curtas. Eles vão colocar os preços nas tabelas de horários, não os de todas as viagens, claro, mas das principais. O que eles fazem, em vez disso, é colocar o dedo em frente aos lábios e sussurrar: "Ssh! Cobramos um preço a mais por esse trem, mas não vamos dizer quanto e você nunca vai adivinhar! Ssh!". Ora, conheço um homem que viveu em Nova Iorque por quatro anos e durante todo esse tempo queria ir à Filadélfia conhecer a cidade, mas não foi, porque pensava que custava muito mais do que custava de verdade. Ele não teve a ideia de perguntar, mas não deveria ser necessário perguntar. Algum dia as companhias de transporte vão fazer o óbvio e criar anúncios voltados a esse tipo de homem. E há centenas de milhares como ele.

Neste ponto, Adams olhou para o relógio e pediu licença enquanto mandava buscar seu carro.

Ele pegaria o trem noturno para Chicago, para onde iria a fim de lidar com uma situação difícil na empresa de um cliente importante, uma grande empresa de cereais matinais. Eles mandaram buscar o grande Adams, que faria o diagnóstico da doença e conseguiria prescrever o remédio.

À medida que andávamos pela cidade na luxuosa limusine, ele mergulhava profundamente em seus pensamentos. E eu nos meus. "Qual é o segredo do sucesso deste homem?", eu me perguntava. E então me lembrei da redação de um menininho sobre as montanhas da Holanda.

As Montanhas da Holanda
Não há montanhas na Holanda.

Essa é a resposta, concluí.
Não tem segredo!
É óbvio!
FIM.

**E**xercício prático criado pela editora com base nos exemplos destacados no livro e nos comentários do publicitário Jack Trout acerca da obra.

★ ★ ★ ★ ★

**APLIQUE ESSE EXERCÍCIO A CADA IDEIA OU SOLUÇÃO QUE LHE VIER À MENTE.**

**À primeira vista** — Quando você olhar para a solução proposta, vai enxergar tudo com clareza. Não parecerá uma solução mágica; no entanto, homens e mulheres, ao vê-la, entenderão perfeitamente, acreditarão que vai dar certo mesmo antes de testar.

**Ela se comunica com as pessoas?** — Você precisa ter certeza de que, mesmo antes de implantada, a ideia dará certo, pois ela se comunica com a realidade das pessoas, de variada escolaridade, de várias faixas etárias e sociais. E será simples de explicar, sem embaraços, sofisticação ou constrangimentos.

**Curto, objetivo, simples** — Imagine explicar a ideia para uma criança. Escreva a ideia e pense se, ao mostrar para uma criança, ela entenderia. Se você concluir que não, mesmo que esteja no caminho certo, significa que a ideia não é tão óbvia ou a proposta não está suficientemente amadurecida.

**Efeito eureca** — É quando você mostra uma ideia e os olhos de todos ao seu redor brilham. Pode estar diante de uma plateia barulhenta, mas todos silenciam e passam a prestar atenção. Não há nada de fenomenal no que você disse; no entanto, você encontrou algo, uma solução ou ideia que faz sentido imediato para todo o mundo. E parece tão simples, e ninguém entende por que demorou tanto para surgir algo assim.

**O *timming* é correto?** — Muitas ideias podem ser excelentes, mas talvez cheguem antes ou depois de seu tempo. As variáveis não são controladas facilmente. Há inúmeros casos de ideias ótimas que foram lançadas e naufragaram. Depois, são relançadas por outras pessoas e alcançam enorme sucesso. O *timming* é tudo. Não se antecipe nem se atrase demais. Como saber o momento correto? Estará antecipado quando as pessoas gostarem da proposta, mas pensarem em alguns constrangimentos que podem ocorrer para alcançar o público. Atrasado, se não parecer novo, original. **É obvio!**

## Sobre o autor

**ROBERT R. UPDEGRAFF** (1889-1977), foi coaching de executivos de empresas gigantes como a General Foods, a John Hancock Mutual Life, a Kellog, a Lever Brothers (atual Unilever) e a Westinghouse. Publicou inúmeros artigos na imprensa, dentre eles os que deram origem a este livro, e contribuiu para inúmeros jornais e revistas, sendo assíduo na Reader's Digest.

**ASSINE NOSSA NEWSLETTER E RECEBA INFORMAÇÕES DE TODOS OS LANÇAMENTOS**

**www.faroeditorial.com.br**

ESTA OBRA FOI IMPRESSA POR
GRÁFICA IDEAL
EM JANEIRO DE 2015